THE ART OF

THE ART OF

월드 오브 워크래프트 아트북

제우미디어

contents

서 문

알렉스 홀리

제가 월드 오브 워크래프트 원화를 그리기 시작한 지도 거의 십 년이 되었습니다. 처음 이 게임에 참여하던 당시만 해도, 제 직장 생활을 통틀어 가장 보람 있는 경험이 시작되리란 사실은 전혀 알지 못했습니다. 블리자드가 취한 아트 중심적인 접근 방식은 그 당시부터 제겐 큰 충격이었습니다. 블리자드는 게임 개발사로서, 기술적 측면이나 게임 디자인적 측면에 투자하는 시간만큼 월드 오브 워크래프트의 미적 감성을 완성하는 데에도 많은 시간을 쏟습니다. 그리고 이런 면모는 블리자드에서 제작하는 모든 원화에 담긴 놀랍도록 풍부한 스토리텔링에서도 잘 드러납니다.

블리자드에서 일을 시작할 때, "절대로 색을 두려워하지 마라"는 말을 들었습니다. 전통적인 미술 교육을 받았지만 만화책과 판타지 소설을 읽으며 자라온 제겐 정말 반가운 이야기였고, 그래서 마음이 한결 편해졌습니다. 허나 월드 오브 워크래프트는 판타지 모험에 스테로이드를 주입한 것만 같은 세계입니다. 대담한 색조와 과장된 디자인으로 장르의 한계를 끌어올립니다. 거의 모든 것이 시도되었을 것만 같은 이 장르에서, 익숙한 캐릭터와 주제를 멋지게 버무려낸 블리자드의 작품은 신선하고, 도발적이고, 과장된 스타일을 토대로 새로운 시각적 충격을 주었습니다. 깊이 있고 복합적인 캐릭터부터 방대한 규모의 게임 속 이야기에 이르기까지, 월드 오브 워크래프트는 수백만 명의 상상력을 사로잡았을 뿐만 아니라, 한 세대의 아티스트 전체에 영감을 주었습니다.

아제로스를 여행하는 내내, 업계 최고의 아트 디렉터이자 명망 있는 아티스트들과 함께 일할 수 있었습니다. 게임 내에서 가장 상징적인 캐릭터들과 인상적인 장면들을 손수 그릴 수 있었다는 것, 그리고 제가 꿈꾸는 세계를 월드 오브 워크래프트에 녹여 넣을 수 있었다는 것 자체가 큰 영광입니다. 이 책 서두를 장식한 드레노어의 전쟁군주 원화를 크리스 로빈슨과 함께 작업하면서, 블리자드 내부의 협업 과정을 직접 체험할 수 있었습니다. 그 팀과 함께 이 프랜차이즈의 가장 상징적인 캐릭터들을 연필로 시작하여 아크릴과 유화로까지 다시 디자인했습니다. 서서히 되살아난 캐릭터들이 강철 호드의 지도자가 되어 움직이는 모습을 지켜보는 건 경이로운 경험이었습니다. 이건 블리자드에서는 매일같이 일어나는 일입니다. 그곳의 아티스트들은 언제나 광범위하게 다양한 매체를 활용하여 새로운 세계를 창조하는 임무를 수행합니다.

이 책은 지난 십 년간 대규모 다중사용자 온라인 롤플레잉 게임 장르를 혁신해온 대중문화의 선두주자 월드 오브 워크래프트의 시각적 역사를 가장 충실히 담고 있는 작품집입니다. 원화에서부터 시네마틱과 게임 그 자체에 이르기까지, 이들 이미지를 그려낸 창의적인 선구자들은 범접할 수 없이 높은 기준을 수립했고, 많은 이들이 빈번하게 모방하지만 결코 뛰어넘을 수 없는 스타일을 창조했습니다.

소개의 글

크리스 로빈슨

첫 출시 후 십 년이 넘게 지나는 사이, 월드 오브 워크래프트의 세계는 칼림 도어와 동부 왕국이라는 두 대륙에서, 악마의 손에 불타버린 대지 아웃랜드, 리치 왕의 얼어붙은 왕국 노스렌드, 울창한 숲과 이국적인 풍미의 판다리아, 전쟁의 상흔으로 얼룩진 야만의 밀림 드레노어까지 진화했습니다.

전 세계 수백만 명이 살아가는 게임 세계를 지속적으로 개발하고 다시 상상해내는 일은 놀랍도록 힘들지만, 개발팀에서는 창의력과 협동, 품질에 대한 고집을 전면에 내세우며 이 도전에 맞섰습니다.

월드 오브 워크래프트의 새로운 장이 열릴 때마다, 블리자드 디자인팀과 아트팀은 이 시리즈의 정수를 담은 세계를 만들어냈습니다. 생동감 넘치는 상상 속 장소를 만들고, 잔혹하고 익살스러운 이야기를 늘어놓고, 모험이 가득한 세계에서의 경험을 창조해냈습니다. 이 세계에서 플레이어들이 가늠할 수 없이 오랜 시간을 보낸다는 사실 자체가, 목표를 이루었음을 보여주는 가장 중요한 증거입니다. 아제로스는 대단히 북적거리는 사회입니다.

이 책에 수록된 작품들은 십 년 이상의 세월에 걸쳐 예술적 영감과 협력이 어우러져 탄생한 과실입니다. 그중에는 블리자드 개발팀의 여러 역전 용사들뿐만 아니라, 전 세계에서 모여든 새로운 아티스트들의 작품도 실려 있습니다. 이들은 플레이어로서 처음 아제로스와 만난 후 자신의 막대한 재능을 팬 아트로 표현한 것입니다. 아티스트 개개인이 새로운 기술과 아이디어를 전수하고 이 모든 것이 합쳐진 덕분에, 오늘날 여러분께서 보고 계신 게임의 전반적인 모습이 탄생할 수 있었습니다.

여기 한자리에 모인 여러 콘셉트 아트를 살펴보면서, 아티스트들이 서로에게 자극과 영감을 주는 과정을 되짚어보는 건 무척 흥미로운 일입니다. 특정 채색 방식, 한 가지 유형의 갑옷, 의미심장한 미소에 이르기까지, 작은 요소 하나하나가 막대한 양의 콘텐츠를 이끌어내는 발화점이 됩니다. 연필로 그렸든 컴퓨터로 그렸든, 단 한 장의 아트가 팀 전체를 움직이고, 이후 셀 수 없이 많은 아이디어와 혁신에 박차를 가합니다. 아제로스라는 독특한 세계는 수없이 많은 사람이 한데 기여하여 탄생한 결과물이며, 그 세계는 여러분이 이 글을 읽는 지금 이 순간에도 계속해서 변화하고 있습니다.

이 책은 월드 오브 워크래프트의 감춰진 내면을 들여다보며, 이 게임이 진화하는 과정에서 각 확장팩의 이미지가 어떤 상상을 거쳐 탄생했는지 이해할 수 있는 좋은 참고 자료입니다. 각 확장팩을 특징짓는 전반적인 방향성과 콘셉트 아트를 살펴보면서, 역사상 가장 큰 성공을 거두고 사랑받아온 대규모 다중접속자 온라인 롤플레잉 게임의 시각적 역사를 이해할 수 있습니다. 인상적인 캐릭터들과 기이한 생물들, 그리고 플레이어 수백만 명이 공존하는 매혹적인 세계 월드 오브 워크래프트는 아트와 모험, 게임의 교차점입니다.

이 작품을 만들어내는 과정이 블리자드에 있어 큰 즐거움이 되었던 만큼, 이 책이 여러분께 즐거움을 드릴 수 있기만을 바랍니다.

WORLD OF WARCRAFT

1994년 워크래프트: 오크 앤드 휴먼이 탄생한 후, 워크래프트의 겉모습은 실시간 전략 게임에서 주로 사용되던, 45도 각도 위에서 조감하는 카메라 앵글을 넘어서 지속적으로 진화해왔다.

워크래프트에서 플레이어들은 마치 판 위에서 진행되는 모습을 지켜보듯 게임을 내려다봤기 때문에, 게임에서는 우락부락하고 과장되고 독특한 스타일을 유지하는 접근 방식을 택했다. 커다란 어깨 보호대와 투구, 토템, 망토는 모두 이와 같은 초창기 시각 언어의 일부였다. 하지만 월드 오브 워크래프트에 이르러서는 패러다임의 전환이 이루어졌다.

기존에는 역동적인 실루엣을 만들어내는 데 중점을 두었지만, 자유로운 카메라 앵글이 새로 적용되면서 3인칭 시점으로 자신의 캐릭터를 바라볼 때에도 만족할 만한 시각적 효과를 전달하는 데 방점이 찍혔다.

사막과 구불구불한 협곡, 모래사장에 이르기까지, 게임 세계 그 자체도 주목할 만한 캐릭터가 되었다. 생동감 넘치는 다양한 색상을 활용하며, 블리자드 개발팀은 최고의 품질로 우주를 그려냈다. 그리고 이는 다시 월드 오브 워크래프트를 창조하는 모든 과정에 스며들었다. 캐릭터와 지형은 먼 거리에서도 쉽게 알아볼 수 있을 만큼 단순

하고 대담한 형체로 그려졌다. 하지만 가까이에서 보면 놀라운 장인 정신과 빼어난 디테일을 드러내기에, 플레이어는 게임에 몰입하고 깊은 인상을 받게 된다. 프레임 하나하나에 놀라울 정도로 세심한 주의를 기울였으며, 검에 새겨진 무늬부터 썬더 블러프의 밧줄 다리, 또 스톰윈드의 자갈길에 이르기까지 게임의 모든 곳에 반영되었다.

아트 역시 실험적이었다. 초기 콘셉트 아트는 게임의 여러 종족과 도시, 문화뿐 아니라 이들의 느슨한 동맹 관계의 정치적 토양과 오랜 적수를 정의하는 참고 자료이자 기준점 역할을 했다. 아트 작품 하나가 게임 개발 방향을 제시하는 이정표 역할을 했고, 아티스트들은 그림을 보며 드워프의 우직한 강인함이나 타우렌의 부족 사회를 나름대로 묘사했다. 2004년 월드 오브 워크래프트가 출시된 이후 게임 아트 역시 헤아릴 수 없을 정도로 발전해왔다. 그렇지만 아제로스의 초창기 지형과 지역을 다시 찾아가 이들 모두가 놀랍도록 새로운 곳이었던 시절을 떠올리노라면, 역시 일말의 향수를 느끼지 않을 수 없다.

20-21쪽: "로먼 케니의 작품 위에 빌 페트라스가 덧붙여 완성한 이 그림은
월드 오브 워크래프트를 제작하며 처음 그렸던 작품들 중 하나입니다. 원호를 그리는 행성과 하늘의 모습을 보며 게임 전체를
전혀 다른 시점에서 바라볼 수 있습니다. 이 그림이 있기 전까지는 모든 것이 지상의 눈높이에서 이루어졌지만, 그 이후로
월드 오브 워크래프트에는 우리 주위의 훨씬 다양한 환경과 세계가 담겼습니다. 이 그림은 우리가 워크래프트의 모습을 발전시키면서,
위쪽으로부터 조감하는 시점의 게임을 지금 모습으로 바꾸는 데 도움을 주었습니다."

— 샘와이즈 디디어

현재 쪽: 오리지널 게임의 지형을 보여주는 참고 자료. 이들 작품은 아제로스를 드넓은 지평선과 웅장한 풍광을 품고,
플레이어를 탐험과 모험으로 이끄는 장소로 표현했다.

"모두 빌 페트라스의 작품입니다. 월드 오브 워크래프트에 등장하는 환경의 겉모습을 정의한 초기 원화지요.
편안해 보이는 작품이지만 강렬한 힘을 지니고 있습니다. 전통적인 유화 기법에 가깝다고 할까요."

— 샘와이즈 디디어

24-25쪽: "가시덤불 골짜기를 상징적으로 보여주는 빌 페트라스의 작품입니다. 1940년대 고전 디즈니 영화의 한 장면을 잘라내 게임에 넣은 것 같은 모습이지요."

— 샘와이즈 디디어

현재 쪽: "여기서 택한 방향이 정말 마음에 듭니다. 텔드랏실이라는 이 거대한 나무는 나이트 엘 프의 세계이자, 이들의 대도시인 다르나서스가 자리잡은 곳입니다. 이것만으로도 판타지의 향 취가 훨씬 느껴지지요. 기존에도 일종의 '나무 엘프'라는 모티브를 두고 이들을 그렸던 적이 있 지만, 여기선 그 아이디어를 한 단계 더 확대했습니다. 네, 이들은 나무 위에 삽니다. 그 나무 위 에서는 산과 강, 숲을 모두 찾아볼 수 있지요."

오리지널 월드 오브 워크래프트의 시각적 측면을 개발할 때는 장황한 말로 설명하지 않아도 알아볼 수 있는 명확한 특징들을 만들어내는 것이 중요한 목표였다. 이를 바탕으로 그 세계 안에서 어떤 언어가 사용되는지와 관계없이, 특정 장소의 중요성을 한눈에 알아볼 수 있게 했다.

이런 노력의 증거는 호드 깃발에서도 잘 볼 수 있다. 이 깃발에는 호드 진영을 구성하는 각 종족의 대표적인 요소들, 즉 오크의 상징물과 타우렌의 뿔, 사슬에 묶인 포세이큰의 뼈, 트롤의 가면이 모두 포함되어 있다.

"드워프 여성과 오크 여성은 워크래프트: 오크 앤드 휴먼에서는 그다지 비중 있게 다루어지지 않았습니다. 하지만 월드 오브 워크래프트를 준비하면서 이들에 대해서도 조금 더 깊이 연구할 수 있었지요. 이 그림에서는 이들에게 여성적인 측면이 있긴 하지만, 같은 종족의 남성들만큼이나 무시무시하고 흉포한 모습이라는 점이 잘 드러납니다. 함부로 이들에게 덤비고 싶진 않을 거예요. 정말입니다."

— 샘와이즈 디디어

얼라이언스 문장은 인간과 나이트 엘프, 드워프, 노움의 상징적인 면을 하나로 모아 만들어졌다. 인간 왕국 스톰윈드의 상징인 사자, 십자로 교차하는 나이트 엘프 화살, 아이언포지의 드워프를 나타내는 망치와 모루, 마지막으로 노움 기계공학자의 톱니바퀴까지 모두 여기 포함되었다.

"샘와이즈가 이 세계의 문장과 상징물, 또 서로 다른 진영과 종족을
나타내는 우상을 만들어내는 과정이 제겐 늘 흥미로웠습니다. 그건 이 게임 세계를
구축하는 무척 강력한 요소 중 하나입니다."

— 빌 페트라스

나이트 엘프의 종족 문장인 지혜의 우상은 놀랍도록 오랜 시간을 살아가는 이 종족이 간직한 지
식을 상징한다. 이 문장은 문글레이브와 교차하는 화살, 감시자의 투구, 그리고 그 뒤를 장식한 나
뭇잎으로 구성된다.

제련소의 우상은 드워프의 종족 문장으로, 이 안의 망치와 모루는 드워프의 탁월한 금속공학 솜씨를 상징한다. 또한 날개는 와일드해머 드워프 부족을 나타낸다.

기술의 우상은 노움의 종족 문장이다. 교차한 멍키 렌치와 단단히 붙잡힌 보석, 톱니바퀴 방패에 이르기까지, 이 문장은 기술적인 면에서 언제나 두각을 나타내는 노움의 능력을 상징적으로 보여준다.

깨진 도자기 가면이 화살 세 개와 까마귀 모양 방패 위에 얹혀 있는 이것은 포세이큰의 종족 문장인 고통의 우상이다.

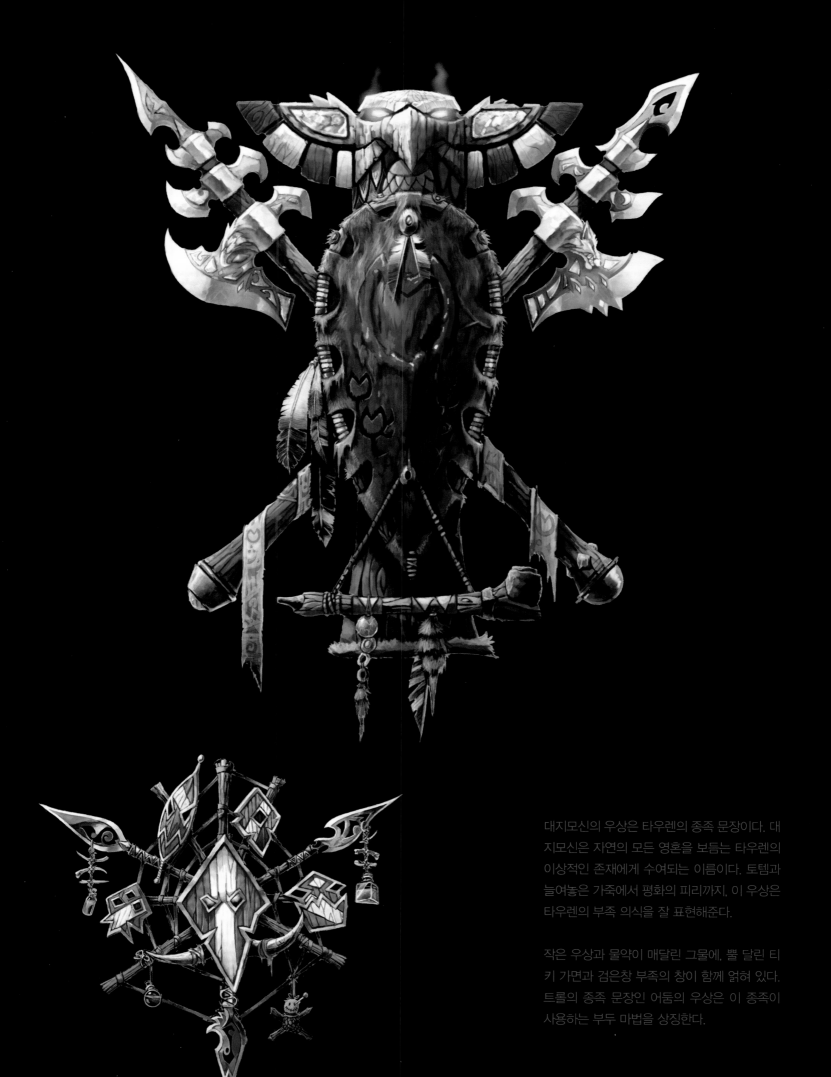

대지모신의 우상은 타우렌의 종족 문장이다. 대지모신은 자연의 모든 영혼을 보듬는 타우렌의 이상적인 존재에게 수여되는 이름이다. 토템과 늘여놓은 가죽에서 평화의 피리까지, 이 우상은 타우렌의 부족 의식을 잘 표현해준다.

작은 우상과 물약이 매달린 그물에, 뿔 달린 티키 가면과 검은창 부족의 창이 함께 얽혀 있다. 트롤의 종족 문장인 어둠의 우상은 이 종족이 사용하는 부두 마법을 상징한다.

"이 그림 중엔 워크래프트 III에서 나이트 엘프 건물로 사용되기도 했던 고대 정령의 초기 콘셉트 아트도 포함되어 있습니다.

이런 콘셉트 아트가 아주 세밀하거나 정교하지 않다는 점이 오히려 좋습니다. 우리 모두가 아티스트이기 때문이지요. 우리는 모두 무언가를

2007년 출시된 월드 오브 워크래프트의 첫 번째 확장팩, 불타는 성전은 플레이어에게 새로운 영역 아웃랜드를 소개해주었다. 이 새로운 모험을 떠나며, 아트와 디자인 팀은 다른 차원의 세계에서는 새로운 규칙을 적용하기로 결정했다.

공중을 떠도는 오크의 고향, 드레노어의 잔해로 이루어진 아웃랜드로 가려면 어둠의 문을 통과해야 한다. 아제로스의 모험가들은 지옥불 반도에 들어서자마자, 황폐하고 붉은 대지 위에 학살당한 드레나이의 유해가 흩뿌려진 장면을 목격한다. 아제로스의 과장된 판타지 지형으로부터 크게 멀어진 아웃랜드는 피폐하고 잔혹한 세계다.

아티스트와 디자이너들은 아웃랜드를 구성할 때 판타지보다 공상과학에서 더 많은 요소를 차용했다. 이 대륙은 중력과 공간, 시간이 비정상적으로 작동할 만큼 부서진 세계이다. 물체는 떠오르거나, 흘러가거나, 공중에서 빛을 내뿜고, 거대한 악마의 로봇들이 대지를 거닌다. 이 멋진 신세계의 기이함은 플레이어에게 저항할 수 없는 매력으로 다가왔다. 이 확장팩의 가장 상징적이고 사랑받는 지역으로, 네온빛으로 생체 발광하는 버섯투성이

장가르 습지대를 거부하기는 쉽지 않았다.

불타는 성전에서는 드레나이와 블러드 엘프라는 새로운 플레이어 종족 두 가지가 추가되었다. 푸른 피부를 가진 외계 종족으로, 강직한 도덕성이 돋보이는 드레나이는 디자인 측면에서 특히 까다로웠다. 환하게 빛나는 중무장을 갖춘 모습을 그린 콘셉트 아트는 이들 내면의 선함을 잘 드러내 보였으며, 이후 이들이 하나의 종족으로 개발되기까지 중요한 기준이 되었다. 이와 유사하게 블러드 엘프는 마나 중독에 초점을 맞춰 디자인되었다. 이들은 수척하게 여위고, 악마의 불길 때문에 두 눈은 초록색으로 빛난다. 또한 자신들의 음험한 가치관을 반영한 핏빛 로브를 주로 입는다. 이 두 종족은 계속되는 호드와 얼라이언스 사이의 전쟁에 이끌려, 새롭게 펼쳐지는 대장정에서 각각 새로운 역할을 맡았다.

52-53쪽: "아웃랜드는 달이 아닙니다. 다른 행성도 아닙니다. 찢겨진 대지 위에 네온 초록빛 지옥 마법이 떠도는 세계를 만들 때, 우리는 가장 가혹한 환경을 만들어내고자 했습니다."

― 샘와이즈 디디어

현재 쪽: "어둠의 문 반대편을 만들 때는 피터 리의 콘셉트 아트를 그대로 옮겼습니다. 굉장히 상징적인 작품이기도 합니다. 게임의 로딩 화면으로도 사용했거든요."

― 크리스 로빈슨

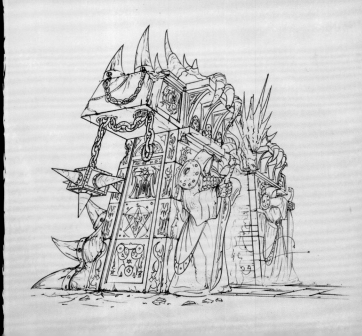

지옥불 반도에 있는 어둠의 문 입구는 아웃랜드가 처한 끔찍한 곤경을 잘 보여준다. 이곳은 불타는 성전 확장팩에 처음 들어선 플레이어가 보는 풍경이기 때문에. 거대한 뿔이 달린 지구라트를 이용하여 앞으로 어떤 규모의 적과 싸워야 하는지 보여주는 일이 중요했다.

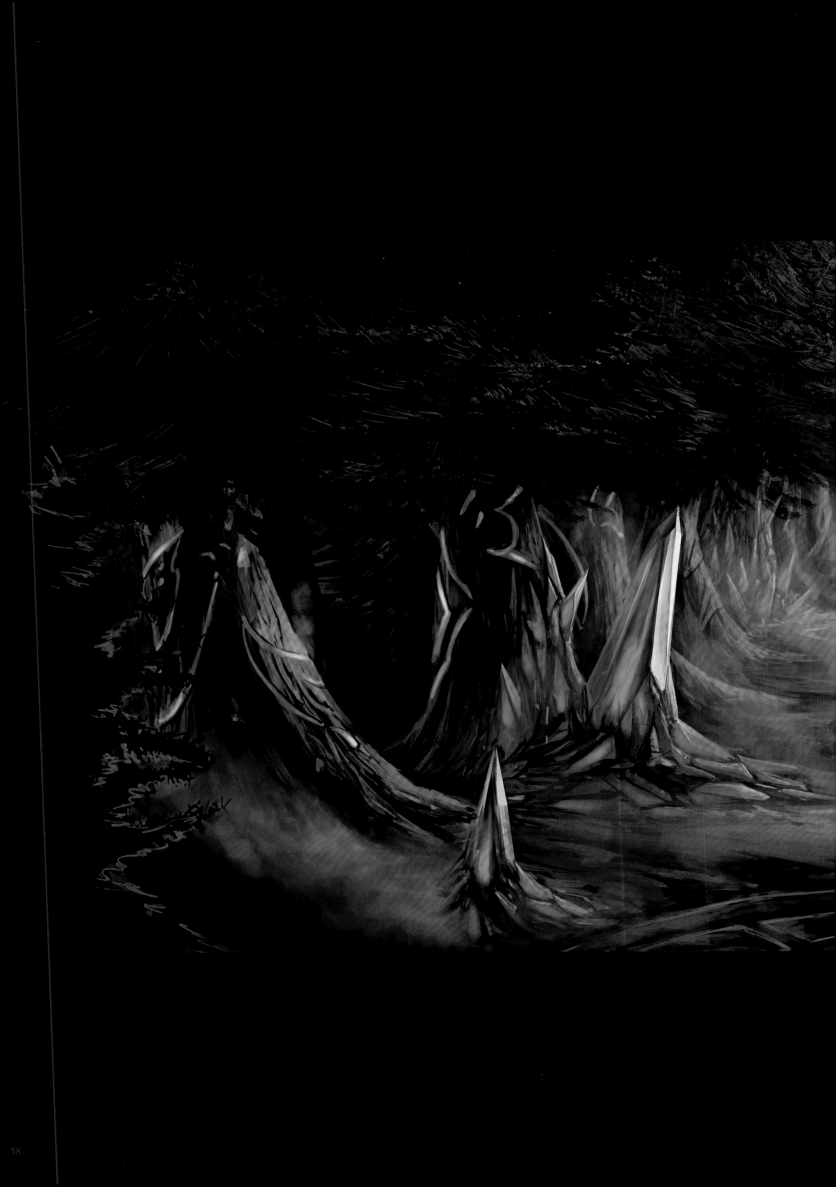

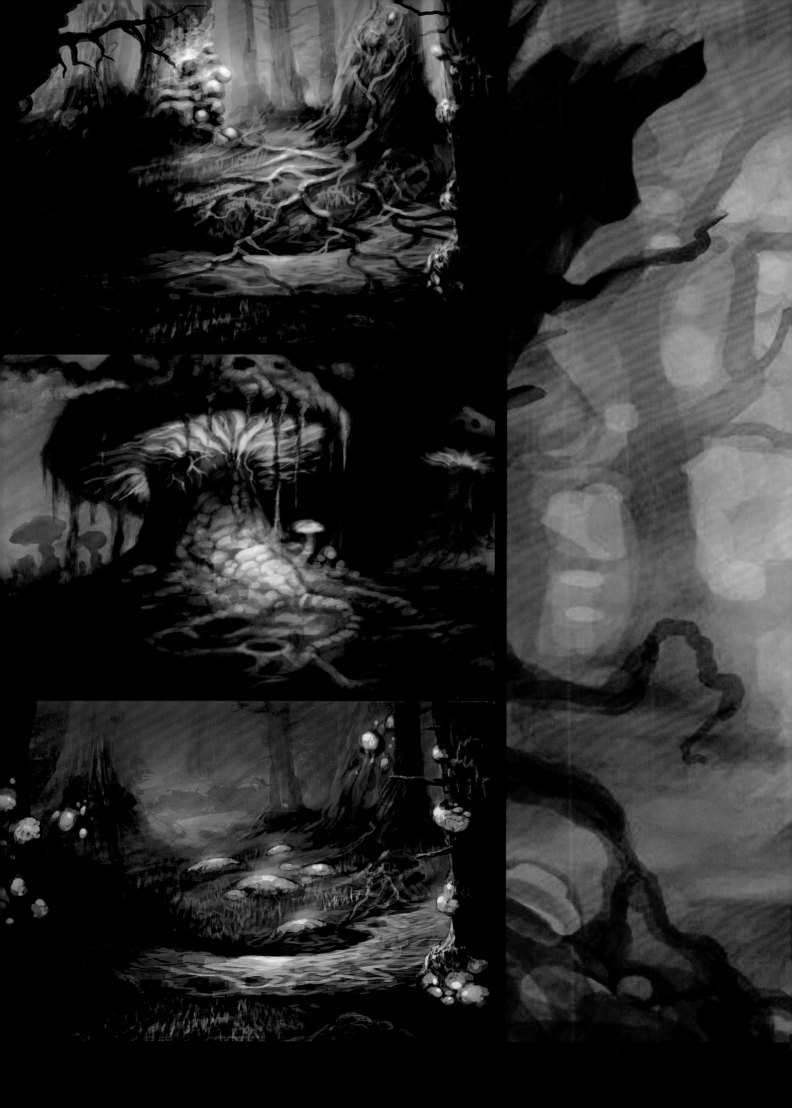

"나그란드에서는 하늘에 떠 있는
섬을 만들고 싶었습니다. 처음이었죠.
온 행성이 산산이 조각난 상태인 만큼, 우리는
이번 기회를 이용하여 푸른 언덕이 완만하게 구불거리는
평화롭고 포근한 환경과, 행성이 찢겨나가는 격렬함을
대조하여 보여주고 싶었습니다."

— 크리스 로빈슨

"색을 통해 부여한 개성은 항상 깊은 인상을 남깁니다.
특히 아티스트들이 여기서처럼 생동감 넘치는 색조를 사용하면
더욱 그렇죠. 언데드의 보라색, 얼어붙은 지역의 차가운 푸른색,
악마의 형광 초록색까지. 아티스트들의 창의성이 여러 가지
색을 통해 잘 표출되었습니다. 그리고 그런 색조는 다시
이들 지역을 정의하는 역할도 합니다."

— 빌 페트라스

"장가르 습지대는 지금까지 우리가 만들어낸 모든 지역 중에서 가장 멋진 곳입니다. 동화 속 고전적인 버섯 숲의 느낌을 차용하고 상상력을 덧붙여 블리자드의 것으로 만들었죠. 이곳의 괴물과 환경은 무척 익숙하면서도 아주 독특합니다."

— 샘와이즈 디디어

드레나이 종족 문장은 아르거스의 우상이다. 나루의 도움을 받아 아르거스에서 탈출한 드레나이의 역사를 상징하는 이 문장에서, 황금색 인장과 보라색 보석은 드레나이가 숭배하는 나루의 기술을 의미한다. 글렌 레인이 그린 다음 일러스트는 드레나이의 충직함과 신앙이라는 특징을 자리잡게 했으며, 이 확장팩에서 드레나이 성기사가 어떤 모습이어야 할지를 명확하게 제시했다.

"우리가 그린 것 중에서 가장 상징적인 작품입니다. 드레나이의 고결함과 힘, 거대한 체격을 잘 보여주는 동시에 겸손함까지 드러내거든요. 이 드레나이는 무릎을 꿇고 있지만, 무엇을 기도하고 있는지는 알 수 없습니다."

— 샘와이즈 디디어

"블러드 엘프는 언제나 월드 오브 워크래프트의
록 스타였습니다. 남성과 여성 모두 무척 아름답고,
의복은 섬세하면서 화려하지요. 이들은 날씬하고 위풍당당하며,
항상 비판적이고 상대를 갈보는 듯한 표정을 하고 있습니다.
그 길모습만 봐도 자기중심적이라는 걸 알 수 있죠.
아마도 그건 이들이 가장 오랫동안 지옥 마법에
중독되어 있었기 때문일 테니, 이해해줘야 하겠습니다.
이제는 개과천선하고 아주 잘 살고 있으니까요!"

샘와이즈 디디어

"웨이 왕이 처음 합류했을 때,
그는 우리에겐 익숙하지 않았던 디테일을
추가하기 시작했습니다. 그랬으니 우리 모두 흠칫 놀라면서,
'아니, 잠깐, 이긴 우리 세계와 맞지 않는데, 영 어울리지가 않아.'
하고 생각했을 것 같지만, 오히려 우리 스타일이 시각적으로
발전하는 과정에서 그의 아이디어들이 조금씩 차용되었습니다.
리치 왕의 분노와 그 이후의 확장팩을 만드는 동안, 우리 그와 같은
디테일을 실루엣에 포함시키기 시작했지요."

— 크리스 로빈슨

78-79쪽: "이 작품들에서는 일리단과 켈타스, 여군주 바쉬 등
새로운 악당들이 처음 등장했습니다. 이제는 일반적인 오크 대 인간 이야기가
아닌 셈이지요. 전통적인 내용으로부터 가지를 뻗어나가는 과정이었기 때문에,
이 시기는 워크래프트의 이야기와 역사에 있어서 정말 멋진 시간이었습니다."

— 샘와이즈 디디어

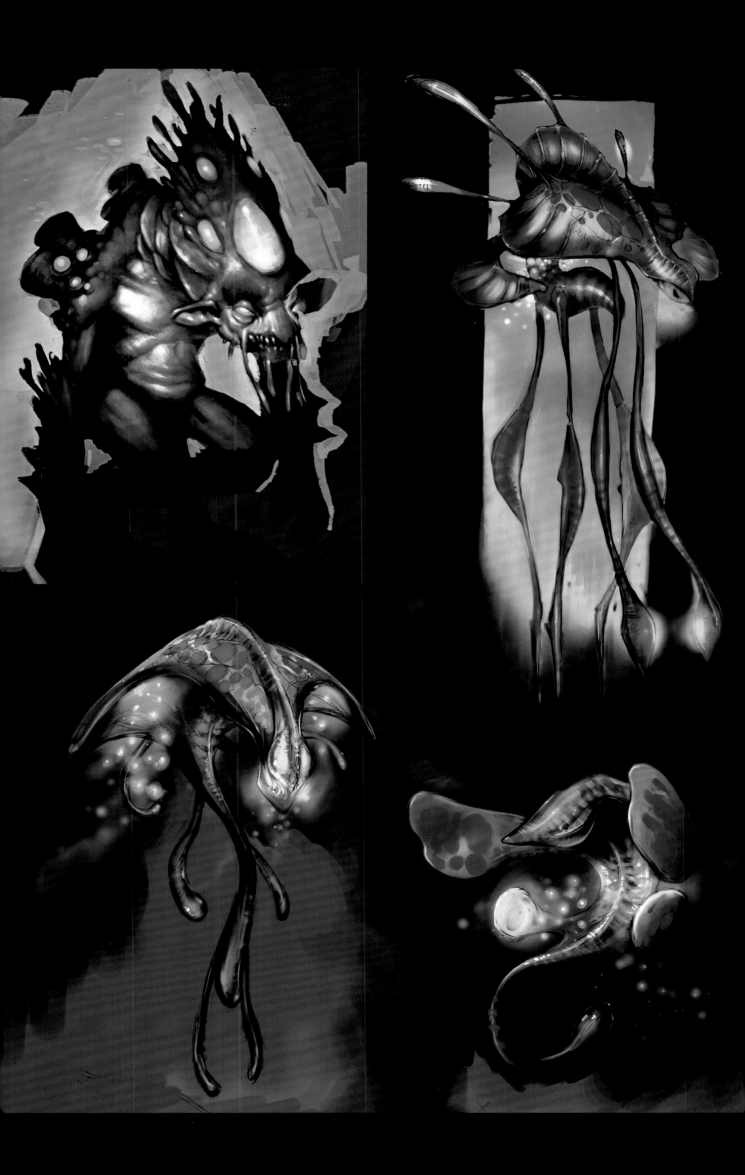

현재 쪽: 새 인간인 아라코아, 올빼미와 비슷한 칼리리는 드레노어의 전쟁군주에서 다시 등장한다.

84-85쪽: "이 작품이 우리에게 웨이 왕을 소개해줬습니다. 팬 아트를 보자마자, 우린 그와 함께 일해야 한다고 생각했습니다. 그는 모든 걸 이루고 있습니다. 실루엣과 색, 형체까지 모든 면에서 블리자드의 특징을 보여주고 있죠. 우리가 만나보지도 못한 중국의 한 아이가 그린 그림이 었지만, 우린 그를 채용했습니다. 그리고 그는 블리자드 최고의 아티스트 중 한 명이 되어, 많은 분들이 우리 게임에서 접해보셨을 가장 상징적 인 작품들을 그렸습니다."

샘와이즈 디디어

월드 오브 워크래프트의 두 번째 확장팩인 리치 왕의 분노(2008)는 아트팀과 디자인팀이 시리즈의 가장 흥미진진한 이야기 중 하나를 그리는 기회가 되었다.

"죽음의 기사 캐릭터를 게임에 포함시키고, 리치 왕이 된 아서스의 이야기를 들려드릴 때가 되자, 고민할 건 별로 없었습니다. 이미 전반적인 합의가 이루어진 상황이었거든요." 선임 아트 디렉터 크리스 로빈은 이렇게 밝혔다. "우린 모두 이 이야기를 잘 알고 있었고 무척이나 좋아했기 때문에, 이번 이야기는 아주 제대로 만들고 싶었습니다."

밝고 화사했던 불타는 군단 이후, 아트팀은 리치 왕의 분노에서 어둡고 음산한 환경을 만들고자 했다. 이 확장팩에서는 리치 왕의 이야기, 즉 아서스 메네실이라는 성기사가 무자비한 죽음의 기사로 거듭나는 과정을 보여준다. 따라서 공상 과학에 가까웠던 불타는 군단에서 벗어나 전체적인 분위기를 음울한 고딕 판타지로 바꾸는 건 자연스러운 과정이었다. 죽음의 기사가 된 아서스의 상징적인 색인 검은색, 푸른색, 보라색이 노스렌드 대륙의 암울한 얼음투성이 대지에 널리 사용되었다.

베테랑 아티스트와 디자이너에서부터 이 이야기를 게임 플레이어로서만 경험했던 신입 직원까지 모두 아서스의 변화 과정에 얽힌 이야기에 너무 깊이 빠져 있어서, 룬검에 흡혈 효과를 부여하는 등의 여러 결정이 무척 쉽게 이루어졌다. "모든 것이 조화를 이뤘던 마법 같은 순간이었습니다. 우린 모두 같은 생각을 하고 있었죠." 로빈슨은 당시를 이렇게 회상했다. 사실, 개발 초기에 가장 어려웠던 점은 이미 잘 알려진 아웃랜드 및 아제로스와 스타일 면에서 통일성을 유지하면서도, 이야기의 새로운 장에 필요했던 극적인 변화를 이루어내는 것이었다. 이 확장팩에서는 거미 종족 네루비안과 야만적인 반 거인 브리쿨, 빠른 속도로 세력을 키운 스컬지도 등장했다. 이들은 불타는 군단의 생물과는 전혀 다른 존재였지만, 강박과 복수로 이루어진 아서스의 장대한 이야기 속에서 나름의 역할을 하도록 공통점이 부여되었다.

현재 쪽: 리치 왕의 마지막 요새이자 얼어붙은 왕좌가 자리잡은 얼음왕관 성채의 모습을 피터 리가 그려냈다. 왼편에서는 성채 안에 머물고 있는 병력의 무시무시한 힘이 느껴지는 것만 같다.

87쪽: "리치 왕이 된 아서스가 왕관을 쓰지 않은 모습을 볼 수 있는 몇 안 되는 작품 중 하나입니다. 또 아서스의 가장 사악한 얼굴을 볼 수 있는 그림이기도 하지요. 왕관을 썼을 때는 위압적이지만, 여기선 우릴 똑바로 바라보고 있습니다. 저 희미한 웃음과 악한 표정을 보고 있노라면, 그가 죽음을 바라보고 있을 거라는 생각이 듭니다. 바로 우리의 죽음이지요."

— 샘와이즈 디디어

드러났습니다. 노스렌드의 생물들도 그 신화에 기반을 둡니다. 호디르의 아들이나 발키리온 등이 그런 예고요."

— 샘와이즈 디디어

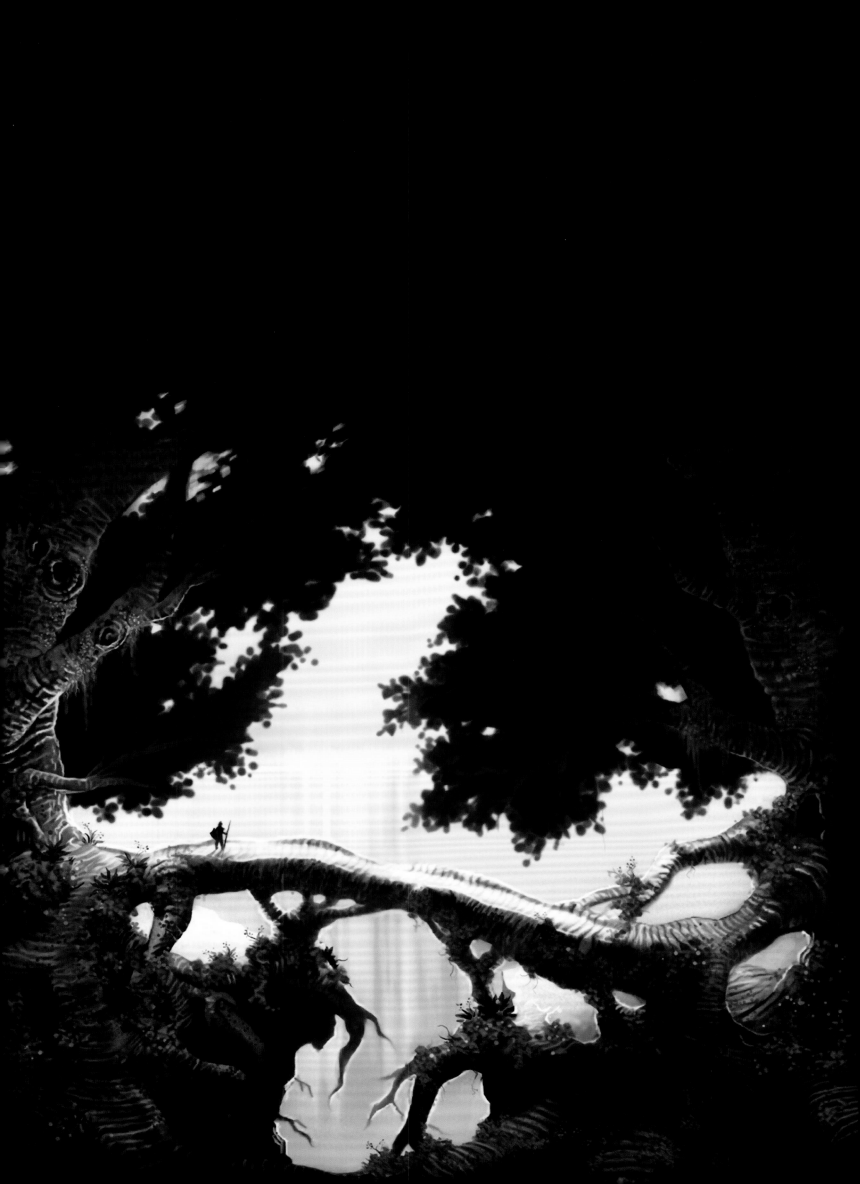

구름 속 도시의 모습을 구현하는 과정에서, 흐르는 듯한 텍스처와 온갖 눈속임을 이용하여
달라란의 건축물이 구름 속으로 사라져버리는 듯한 모습을 구현했다.

"달라란은 우리가 워크래프트에 담은 '하이 판타지' 요소의 가장 좋은 예입니다.
스컬지의 침략을 막기 위해 땅으로부터 뽑아 올린 거대한 공중 부양 도시지요.
장엄한 첨탑과 하늘에 떠 있는 수정들… 달라란은 마법의 도시인 만큼,
가장 위대한 마법사들이 그곳에 거주하는 것도 당연합니다."

— 샘와이즈 디디어

시네마틱팀에서 실험적으로 그려낸 서리고룡 신드라고사는 이 용의
성격을 구체화하는 데 도움을 주었다. 강인한 두 다리는 마치 사자
같은 느낌을 주고, 낮게 웅크린 자세에서는 적을 급습할 준비를 마
친 포식자의 모습을 엿볼 수 있다.

북유럽 풍의 야만용사 종족인 브리쿨은 거대한 뿔이 달린 투구와 모피를 걸친 모습으로 등장하는데, 원래는 흡혈 종족으로 디자인되었다.

"타운카와 투스카르는 타우렌을
변조한 종족입니다. 투스카르는 바다코끼리
인간이지만, 전 늘 이들이 타우렌의
둥글둥글한 털복숭이 공 버전이라고
생각했습니다. 결과물도 정말 마음에
들었고요. 바다코끼리 인간을 만드는 게
이렇게 즐거운 일이 될 줄 누가 알았겠습니까?
'이상한 나라의 앨리스'에 등장하는
바다코끼리와 목수처럼요. 반면에 타운카는
한눈에도 들소를 기반으로 만들었다는 걸
알 수 있는데, 타우렌과 같은 전사라는
사실도 금세 눈에 띌 겁니다."

— 샘와이즈 디디어

WORLD OF WARCRAFT CATACLYSM

오리지널 월드 오브 워크래프트의 주축이었던 동부 왕국과 칼림도어는
2010년 출시된 세 번째 확장팩, 대격변에서 극적으로 변화한다.

용의 위상 데스윙이 아제로스를 파괴하고 황
폐화시킨 사태를 중심으로, 아트팀과 디자인팀은
옛 세계를 부숴버리는 임무를 맡았다. 겉모습만으
로도 상징적이었던 불모의 땅은 크게 개편되며 두
개로 나뉘었고, 거대한 분수령이라는 갈라진 틈을
경계로 남북으로 갈라졌다. 하지만 그 사건은 대
격변을 가득 채운 수많은 지진과 용암 분출, 회오
리바람의 시작에 불과했다.

물론 단순히 옛 세계를 파괴하는 것과, 과거
의 흔적을 지워 이 세계에 신선한 느낌을 되찾아
주고, 플레이어에게 새로운 캐릭터를 성장시키며
아제로스를 다시 발견하고 싶은 이유를 제시하는
것은 전혀 다른 일이다. 세계의 파괴는 그 세계를
다시 구축하는 완벽한 이유가 되었다. 이 과정에
서 개발팀은 예전의 지형을 변화시키면서도 핵심
적인 친숙함은 유지하려 노력했고, 그 결과 새로
운 이야기를 중심으로 익숙하면서도 숨 막히게 달

라진 지역들이 탄생했다.

대격변과 함께 타우라조 야영지는 파괴되었
고, 한때 메마른 협곡이었던 버섯구름 봉우리는
물에 잠겼다. 멀록이 사라지고 포세이큰이 우글
거리기 시작한 은빛소나무 숲에서는 파괴된 농장
과 텅 빈 금광에 새로운 거주민이 세운 건축물이
나타났고, 도로는 보라색 등불로 장식되었다. 언
덕마루, 모단 호수, 어둠해안, 황야의 땅, 돌발톱
산맥 등이 집중적인 변화를 겪으며 크게 호평을
받았다.

대대적인 환경 변화와 함께, 대격변에서는 거
의 모든 지역에서 퀘스트 수행, 성장, 레벨 상승
과정의 경험이 대폭 개선되었다. 대격변이 불러
온 파괴는 아제로스를 예전의 굴레에서 벗어나게
했고, 그 잔해로부터 신선한 게임 경험이 탄생할
수 있었다.

대격변은 오랜 세월 동안 베일에 싸여 있던 고대의 땅. 울둠 사막의 문
은 열어젖힌다.

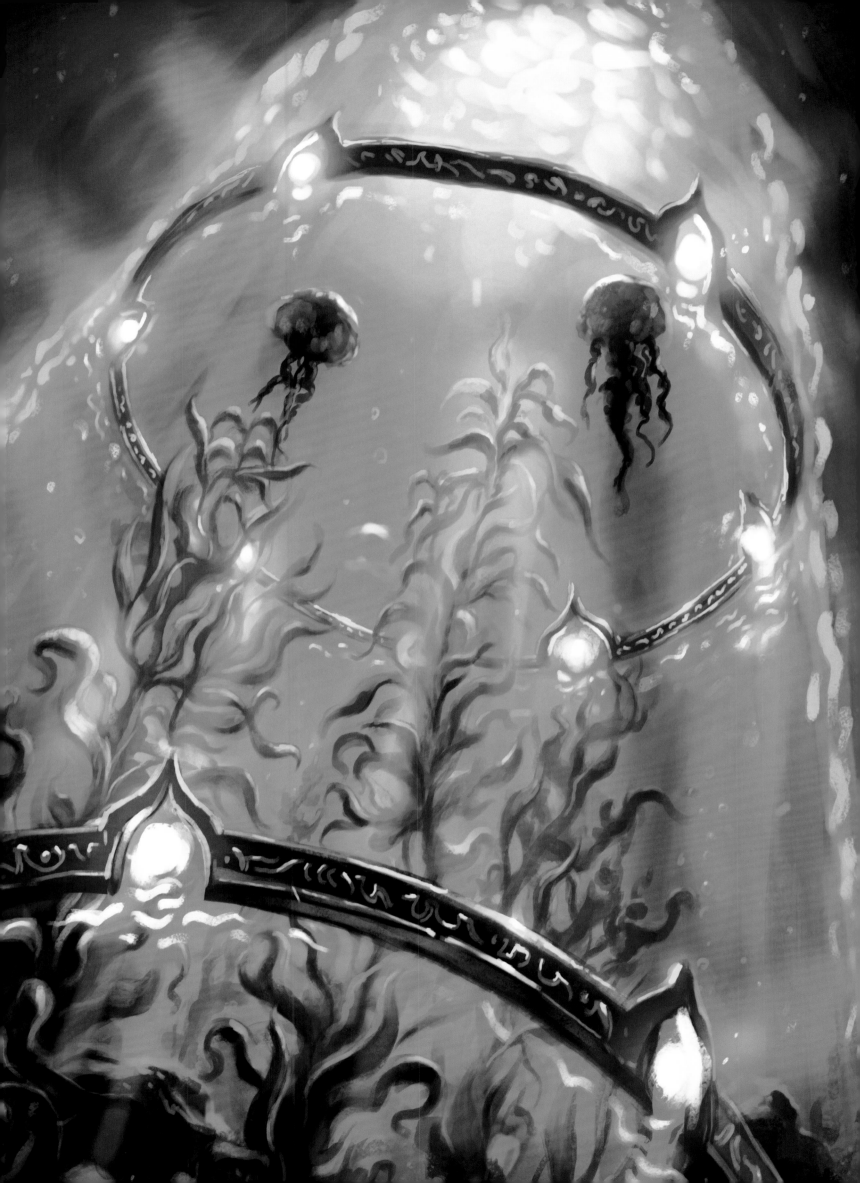

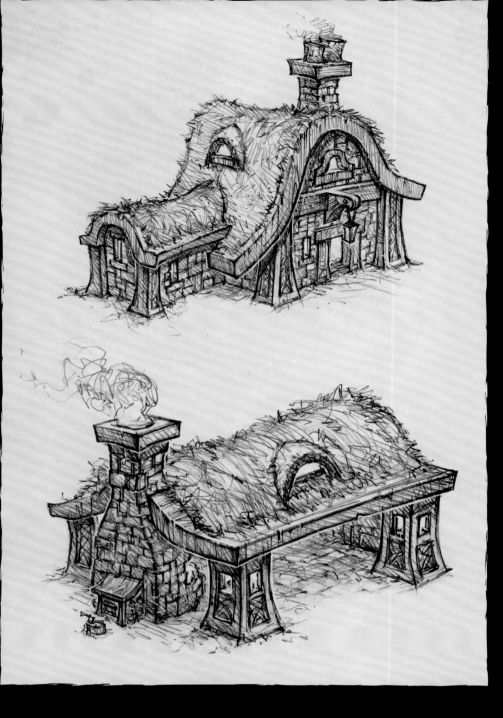

130-131쪽: "와일드해머 드워프의 거주지입니다.
대격변까지는 게임 안에서 아이언포지의 드워프에게 초점을 맞췄습니다.
거대한 대용광로가 있는 지하 도시에 거주하는 대장장이들이었지요.
와일드해머 부족의 건물은 다릅니다. 드워프 양식이지만 다른 드워프에 비해 더 거칠고
자유로워요. 하늘, 그리고 하늘을 나는 이 부족의 친구와 잘 어울립니다.
건물 위쪽에 달린 독수리 장식을 보면 알 수 있지요."

— 샘와이즈 디디어

스톰윈드 성문 밖 영웅의 골짜기를 시네마틱
팀에서 실험적으로 그려본 작품이다. 이곳은
사망한 것으로 알려진 얼라이언스의 다섯 영
웅을 기리는 장소이기도 하다. 얼라이언스의
힘을 상징적으로 보여주고, 이곳을 찾아온
자에게 환영과 경고의 뜻을 모두 표하는, 경
외심을 불러일으키는 장소로 디자인되었다.
시네마틱팀에서는 영웅의 골짜기의 이 버전
을 동영상 속에서 데스윙이 스톰윈드 탑에
내려앉는 장면에 활용했다.

데스윙은 세계의 분리 이후 심원의 영지에서 폭발하듯 튀쳐나왔다. 심원의 영지에서 방어구를 벼려낸 데스윙의 인간형 모습은 용 형상일 때와 동일한 흉포함이 엿보인다. 그 위쪽에는 호드의 힘을 상징하는 둠해머가 용암 속에 버려진 모습이 보인다.

대격변에서는 늑대인간이 얼라이언스의 플레이어 종족으로 추가되었다. 저주받은 자의 우상을 휘감은 덩굴식물과 장미, 등불은 늑대인간이 겪어야 했던 역경을 그리는 데 있어 아트팀이 고딕 양식과 낭만주의적 접근 방식을 택했음을 드러낸다.

"월드 오브 워크래프트의 늑대인간은 전형적인
늑대로 변신하는 인간이지만, 역시 블리자드식 독특함이
가미되었습니다. 야만적이지만 품위와 세련된 느낌도 함께
담고 있죠. 꼭 귀족이라고만은 할 수 없겠지만, 고귀한 혈통에서
태어나기도 했습니다. 블리자드는 이렇게 전형적인 늑대인간처럼
누구에게나 익숙한 것을 게임에 가져와서 조금 다른 방향으로
뒤틉니다. 또한 이처럼 세련됨과 야만성을 포괄하는
이중적인 모습은 늑대인간의 디자인 전체에 반영되었으며,
이는 발톱으로 잘라낸 장미와 늑대인간의 저주를 막아내기 위한
부적이 함께 공존하는 종족 문장에도 잘 드러납니다."

— 샘와이즈 디디어

파괴의 우상은 대격변과 함께 호드 진영에 플레이어 종족으로 합류한 고블린의 종족 문장이다. 기계공학을 비롯하여 온갖 기계와 관련된 모든 일에 놀라운 재능과 괴팍한 솜씨를 발휘하는 이들의 능력을 상징적으로 보여준다.

"늑대인간 하나당 고블린 셋이 적당해 보입니다. 그게 딱 적절한 비율이에요."

— 샘와이즈 디디어

여기 두 쪽에 걸쳐 펼쳐진 일러스트는 존 폴리도라의 작품으로, 고블린을 플레이어 종족으로 소개할 때의 기본 개념을 정립했다. 무척 상징적인 세트 방어구를 입고 있는 도적 고블린과 함께, 이 그림에서는 금방이라도 무너져 내릴 듯한 고블린의 고향 케잔 풍경과 티키에 영감을 받은 건축물들도 엿볼 수 있다.

"여기서 가로쉬는 아버지 그롬마쉬 헬스크림의 도끼인 피의 울음소리를 받고 있습니다.
도끼를 받으며 호드의 지도자로 임명되는 순간이죠. 이후 가로쉬가 어떤 인물이 되는지를
생각해보면 정말 가슴 아픈 장면입니다. 웨이 왕의 이 그림에서 가로쉬는 거의 사진처럼
사실적입니다. 당신 앞에 오크가 서 있다면 바로 이런 모습일 테지요."

— 샘와이즈 디디어

"오른쪽은 완전히 변화하여 전적으로 악한 존재가 된 가로쉬의 힘을 보여주는 작품입니다.
만노로스의 엄니를 어깨에 얹고 있죠."

— 크리스 로빈슨

2012년 출시된 네 번째 확장팩 판다리아의 안개는 프랜차이즈의 스토리
텔링을 거꾸로 뒤집어볼 기회가 되었다. 블리자드 개발팀은 예전에 늘
그랬듯이 핵심 악당을 둘러싼 모험에 초점을 맞추는 것이 아니라, 본질
적으로 탐험을 골자로 하는 새로운 이야기의 장을 열었다. 얼라이언스와
호드는 서로 간의 오랜 전쟁을 이 새로운 대륙까지 끌고 들어와서는 판
다렌에게 한 진영을 선택할 것을 강요하면서, 스스로 이 확장팩의 악역
이 되었다.

대격변의 파멸과 황폐함 그리고 데스윙이 펴
붓는 화염폭풍을 거친 후, 개발팀은 판다리아의
안개 콘셉트를 기획하며 한숨 돌릴 수 있었다. 그
리고 판다렌과 그들의 고향을 이루는 토대인 조
화와 균형, 아름다움과 창조를 돋보이게 하는 데
온 힘을 기울였다. 아시아 지역의 테마가 강조된
첫 번째 플레이어 종족으로서, 판다렌은 수천 년
간 숨겨져 있던 이 땅에 누적된 다채로운 역사와
문화를 보여주려는 개발팀에게 적지 않은 어려움
을 안겨주었다. 황금색과 붉은색, 하얀색으로 가
득 찬 판다리아의 건축물은 자연과의 균형을 보
여주는 형태로 만들어졌다. 건물과 교각은 단순
히 기능적인 측면 외에도, 강산과 조화를 이루도
록 섬세하게 조각되었다. 판다렌의 시작 지역인

거대한 거북이의 등딱지 위 세상, 유랑도에서부
터 영원꽃 골짜기의 황홀한 풍경에 이르기까지,
이 확장팩은 엉뚱함과 숭고함이 섞여 만들어낸
놀라운 결과물을 보여주었다.

판다렌은 아트 디렉터이자 블리자드의 티줏
대감인 샘와이즈 디디어가 창조해낸 산물이다.
딸이 태어난 후 크리스마스에 그렸던 그림 한 장
으로부터 발전한 이 종족에게, 그는 개인적으로
도 큰 애착을 느끼고 있다. 이에 대해 선임 아트
디렉터 크리스 로빈슨은 이렇게 평했다. "판다렌
은 항상 새미의 심장과 같은 존재였습니다. 그가
어떤 형태로든 판다렌을 그리지 않은 날은 단 하
루도 없을 겁니다."

"정령들이 차지해버린 이 양조장에서는 귀신 들린
분위기를 구현하고 싶었습니다. 물론 이들 정령은 복수심에
불타는 존재가 아니라 그저 장난스러운 말썽꾸러기들이지요.
이런 요소가 귀신이 아닌, 정령에 사로잡힌 이 장소의
모습을 정의하는 데 도움이 되었습니다."

— 크리스 로빈슨

166-167쪽: "이런 그림들은
게임 속 모든 요소의 거대한 크기를 아주
잘 표현합니다. 캐릭터들이 배경과
비교하면 난쟁이처럼 작게 보이는데,
이를 기반으로 세계가 얼마나
거대한지를 쉽게 체감할 수 있지요."

— 빌 페트라스

판다렌의 종족 문장은 가장자리에 모피를 덧댄 방패에 글귀와 동물의 상징이 장식된 형태이다. 이 우상은 다른 종족에
비해 정갈하고, 미적으로 균형 잡힌 디자인을 보여준다.

"플레이어 종족은 보통 처음부터 두 성별을 염두에 두고 디자인합니다. 여성과 남성을 함께 놓고 보았을 때,
이들이 체격과 영혼, 표현하는 감정까지도 서로 꼭 어울리게 만들지요. 하지만 판다렌의 경우에는 플레이어 종족으로
만들겠다는 결정을 내리기 한참 전부터 남성만 디자인했던 만큼, 이런 방식을 거꾸로 되짚어가며
남성과 어울리는 여성을 만들어야 했습니다. 판다렌 여성은 판다렌 맥주 한 통을 눈 감짝할 사이에 비워버리고는,
바로 일어나 사마귀 군대를 쓸어버리는 그런 캐릭터가 되기를 원했습니다."

— 크리스 로빈슨

위 작품은 콘셉트 아티스트 글렌 레인의 작품으로,
2011년 블리즈컨에서 판다리아의 안개를 발표하면서
공개되었다. 확장팩의 분위기를 보여주는 이 작품은 새로운
배경과 캐릭터를 통해 판다렌의 삶을 보여준다. 판다렌의
지팡이에는 찻주전자와 술병이 매달려 있다.

"판다렌의 눈은 콘셉트 아트에선 늘 초록색이었는데,
나중에 일부 아시아 문화권에서 초록색 눈이 악마에
빙의되었다는 뜻임을 알았습니다. 판다렌 자체가
동양 문화에 영감을 받아 탄생했기 때문에,
그 후에는 눈의 색을 모두 노란색으로 바꿨습니다."

— 샘와이즈 디디어

172쪽: "전에도 판다렌 그림은 그렸었지만 늘 유쾌하고,
배가 불룩하고, 태평스러운 캐릭터였습니다. 하지만 이 그림은
우리가 다른 쪽으로 방향을 틀었음을 보여줍니다. 이 판다렌은
나이도 훨씬 많고 세월에 찌든 모습입니다. 의상 역시 예전의 단순한
무술 도복과는 달리 정교하고 섬세합니다. 우리 아티스트들은
예전에 그렸던 판다렌 그림 몇 장을 기반으로 하여 한 종족 전체를
새롭게 만들어냈습니다."

현재 쪽: "게임 안에서는 폴리곤과 텍스처의 크기에 제한이 있습니다.
그래서 최초의 비전이 완성된 후, 시네마틱팀에서 마음껏 실력
발휘를 하는 모습을 보는 건 정말 기분이 좋습니다. 우린 항상 아무런
제약 없이 게임을 만들 수 있다면 게임 자체가 이런 렌더링이나
모델링과 동일해질 거라고 이야기해왔습니다. 조금 더 사실적이지만
여전히 대담하고 스타일리시하면서도, 표면의 질감과 디테일을
더욱 잘 살린 모습일 겁니다."

"판다리아의 안개 소개 동영상은
우리가 지금까지 만든 것 중에서 제가 가장 좋아하는
영상입니다. 액션과 유머가 담겨 있거든요.
그게 워크래프트의 진수잖아요. 인간과 오크에
대한 우스꽝스러운 묘사도 완벽합니다.
고전 애니메이션에서 볼 법한 캐릭터지만,
사실적으로 렌더링된 전형적인 워크래프트의
영웅들이지요. 이 영상에서 물은 함께 커다란
곰돌이불 혼쭐내려 하지만… 그러지 못합니다."

— 샘와이즈 디디어

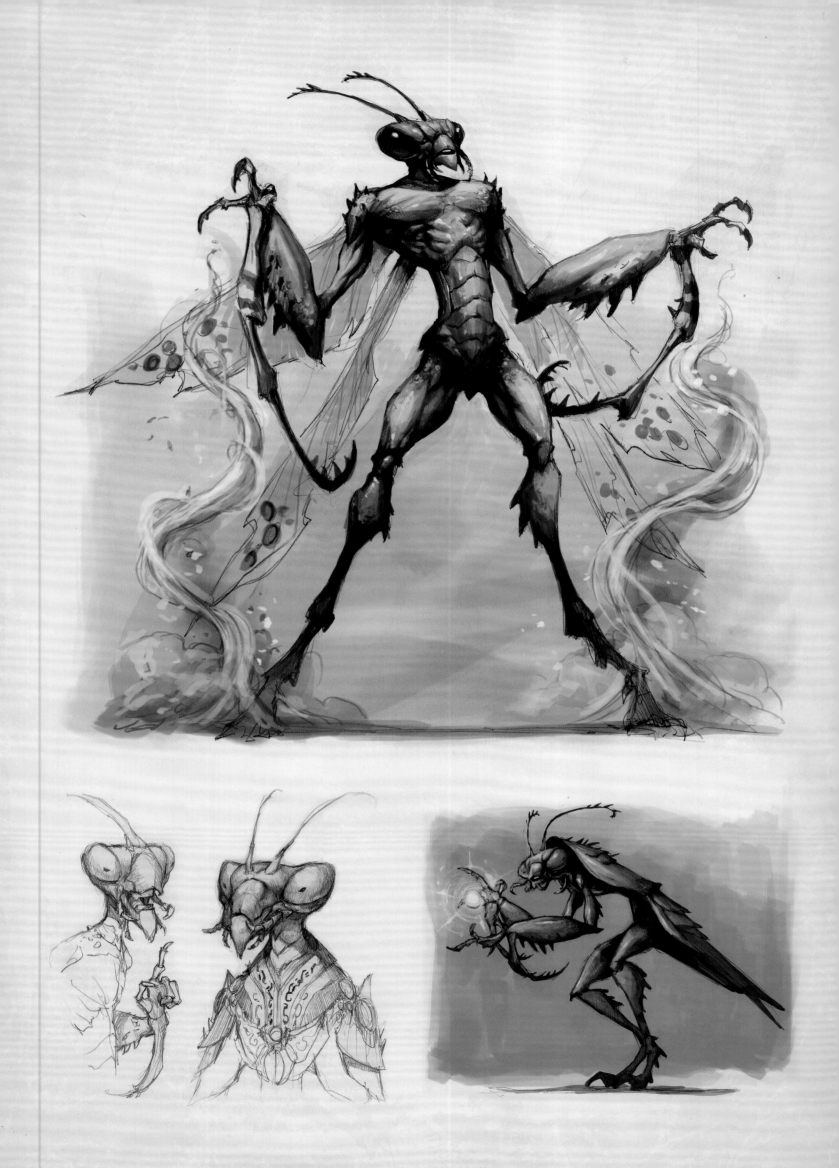

판다리아의 안개에 등장하는 새로운 주요 캐릭터인 호젠과
진위는 플레이어 캐릭터 곁에 서 있을 때도 어색하지 않은 모
습이어야 했다. 또한 호젠은 대부분 호드와 협력하고 진위는
얼라이언스와 연합했는데, 이러한 이들 종족의 태도 역시 겉
모습에 잘 드러나야 했다.

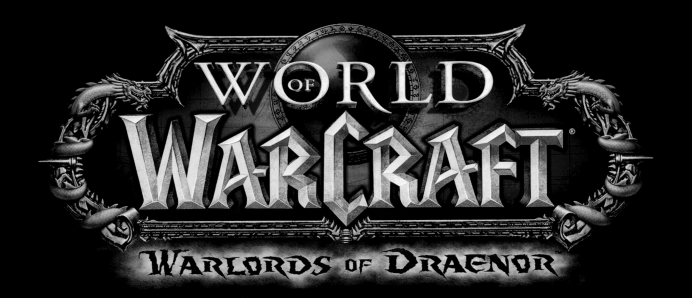

대격변이 아제로스의 기존 대륙을 다시 상상하는 과정이었다면, 드레노어의 전쟁군주(2014)는 불타는 성전에서 아웃랜드가 되었던 행성, 드레노어를 다시 보여주는 과정이었다.

이 확장팩은 시간을 거슬러 올라간 가로쉬 헬스크림 때문에 굴단이 건넨 만노로스의 악마피를 거부한 오크들이 타락하지도 노예가 되지도 않은 대체 역사를 배경으로 한다. 일시적이지만 드레노어 역시 구원을 받고, 가로쉬는 새로운 세력을 구축한다.

아트팀에게 있어 어려웠던 점은 불타는 성전의 파괴된 드레노어에서 가장 사랑받고 상징적인 측면을 한데 모아 플레이어들이 공감할 수 있는 방식으로 드레노어의 전쟁군주에 녹여 넣는 일이었다. 아트팀에서는 묘한 기시감을 불러내, 익숙한 동시에 낯선 콘텐츠를 만드는 걸 목표로 했다. 예를 들어 장가르 습지대의 버섯 습지는 드레노어가 아웃랜드로 변하기 전에는 바다였다. 이곳은 나름의 정신을 지닌 살아 있는 수역으로, 포자를 방출하여 주위 땅을 점령하려 하며, 곰팡이 고래의 고향이기도 하다. 플레이어가 이전에 지옥불 반도에 있는 어둠의 문을 통해 아웃랜드에 들어섰듯이, 드레노어의 전쟁군주에서도 같은 장소에 있는 관문을 통해 드레노어에 입장할 수 있다. 하지만 이번 이야기에서는 붉은 황무지 지옥불 반도가 아니라, 강과 삼림이 미로처럼 얽힌 푸르른 타나안 밀림으로 들어선다. 그리고 이 확장팩에서 치러지는 전쟁이 이곳의 운명을 판가름할 수도 있다는 점을 솜씨 좋게 보여줌으로써 플레이어의 감정에 동요를 일으킨다. 또 다른 역사에서는 온통 황폐해진 이 활기 넘치는 지역을 탐험하는 과정에서 필연적으로 막대한 상실감이 뒤따른다. 이는 새롭게 태어난 강철 호드가 숲을 불태워 타나안 밀림을 관통하는 길을 뚫으려 하는 모습에서도 명백히 드러난다.

드레노어의 전쟁군주는 실험적이었던 판다리아의 안개의 뒤를 이어, 월드 오브 워크래프트를 붕괴할 위기에 처한 황폐해진 세계라는 익숙한 분위기로 돌려놓았다. 새 확장팩에서 개발팀은 프랜차이즈를 어느 정도 다시 상상해낼 수 있었다. 앞선 확장팩에서 목숨을 잃은 프랜차이즈의 다양한 핵심 캐릭터들이 드레노어의 전쟁군주에서는 젊은 시절 모습으로 다시 등장한다. 호드의 지도자들은 각기 고유한 오크 부족의 야만적이고 무질서한 구성원으로 표현된다. "이 오크들은 미친 전쟁군주였습니다. 그리고 이 친구들과 함께 어울리다 보면 세상이 얼마나 잔혹하게 변해갈지, 지금까지 제대로 살펴봤던 적은 없는 것 같아요." 선임 아트 디렉터 크리스 로빈슨은 이렇게 설명했다. "이곳은 월드 오브 워크래프트, 즉 전쟁의 세계입니다. 그러니 언제라도 세계가 날아갈지 모르는 잔혹한 세계여야 하지 않겠습니까!"

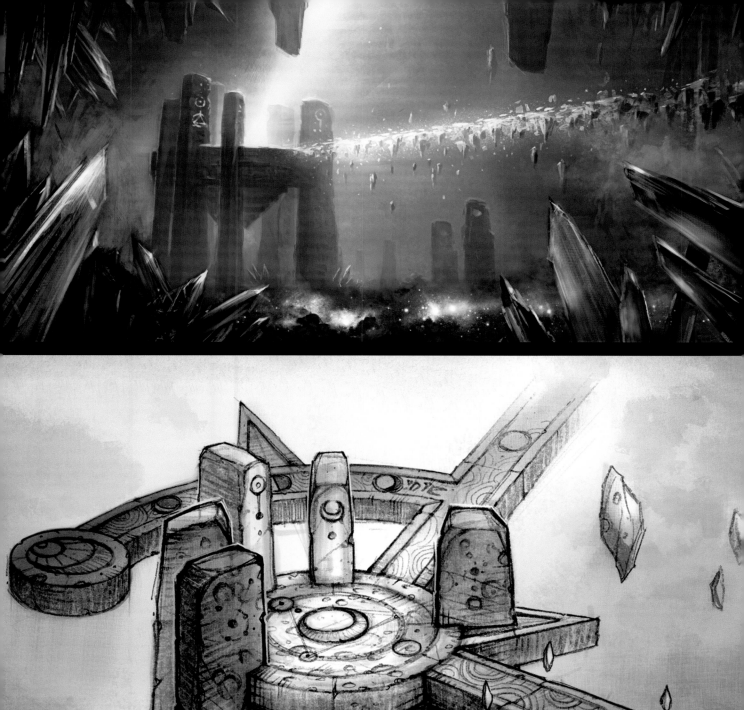

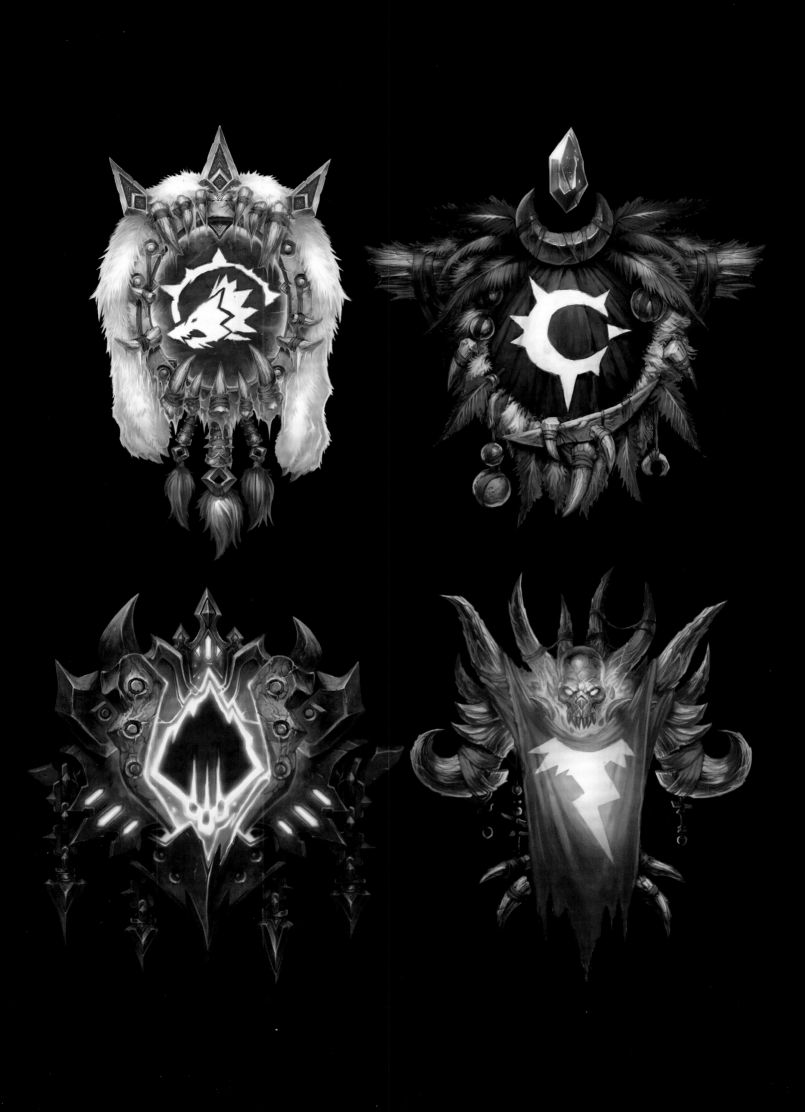

ARTIST INDEX

기호: r = 오른쪽, l = 왼쪽, t = 상단, c = 중앙, b = 하단

월드 오브 워크래프트 아트북

1쇄 | 2015년 12월 1일

이 | 닉 카펜터, 샘와이즈 디디어, 크리스 멧첸

이 | 유미지

이 | 서인석

곳 | 제우미디어

등록 | 제 3-429호

일자 | 1992년 8월 17일

| 서울시 마포구 독막로 76-1 한주빌딩 5층

| 02-3142-6845

| 02-3142-0075

지 | www.jeumedia.com

| 978-89-5952-426-6

본은 본사나 구입하신 서점에서 교환해드립니다.

미디어 소설 공식 카페 | cafe.naver.com/jeunovels
미디어 페이스북 | www.facebook.com/jeumedia
미디어 공식 블로그 | blog.naver.com/jeumediablog

사람들

사업부 총괄 손태선 | 편집장 전태준

편집 김혜리 | 기획 홍지영, 신한길, 어인우, 윤여은

인 총괄 디자인수 | 제작 김금남 | 영업 김영우, 박임혜

준신 분 Chris Parnell, Rebecca Lanclot, 블리자드코리아 현지화팀

이 책의 한국어 판 저작권은 Insight Editions와의 계약으로 제우미
디어에 있습니다. 저작권법에 의하여 한국 내에서 보호를 받는 저작물이므
로 무단 전재와 복제를 금합니다.